Marianne Aronsson

Skandinavische *Delikatessen*

Kulinarisches aus dem Norden

Fotografiert von Günter Pump

Husum

Einleitung

Das Leben mit der Natur und den Jahreszeiten prägt nicht nur die Menschen der Länder Nordeuropas, es bestimmt bis heute auch ihre Küche. Die unterschiedlichen Landschaften des Nordens spiegeln sich in der historisch überlieferten Hausmannskost aus regionalen Zutaten wider, die bis heute in modernen, zeitgemäßen Rezepten fortlebt. Marianne Aronsson hat die beliebtesten Vorspeisen, Fischgerichte, Fleischgerichte sowie Nachspeisen und Backwerk aus drei Ländern gesammelt und die Rezepte übersetzt: Hier findet man Heringsauflauf und Gelbe Erbsensuppe mit Speck, Hagebuttensuppe und überbackene Blaubeeren, aus Dänemark Smørrebrød und Apfelkuchen, aus Norwegen festliche Sahnetorte und deftigen Lammfleisch-Kohl-Eintopf, aus Schweden Lachsauflauf, Biff à la Lindström, Pfefferkuchen und viele weitere verführerische Köstlichkeiten, mit denen man sich die Erinnerung an den letzten Nordland-Urlaub und das ganz besondere skandinavische Lebensgefühl nach Hause holen kann.

Lenas Sherrysill

Lenas Sherryhering

6–8 Portionen

400 g Matjeshering, in Stücke geschnitten, 1 rote Zwiebel, fein gehackt, 3 EL Dill, fein gehackt.
Marinade: 2 EL Essigessenz (12 %), 2 EL Speiseöl, $^1/_2$ dl Zucker, $1^1/_2$ dl Tomatensaft, 6 schwarze Pfefferkörner, zerdrückt, $^1/_2$–$^3/_4$ dl Sherry.

Die Matjesheringe abtropfen lassen, mit Zwiebel und Dill in ein Glas schichten. Alle Zutaten für die Marinade mischen und über die Heringe gießen.

Vor dem Servieren einige Stunden zugedeckt im Kühlschrank stehen lassen.

Löksill

Zwiebelhering

200 g Matjeshering, in Stücke geschnitten, 1 rote Zwiebel.
Marinade: $^1/_2$ dl Essigessenz (12 %),
1$^1/_2$ dl Wasser, 2 dl Zucker,
$^1/_2$ TL weiße Pfefferkörner, zerdrückt,
2 TL Gewürznelken, zerdrückt,
5 ganze Gewürznelken, 2 Lorbeerblätter.

Die Zutaten für die Marinade mischen, aufkochen und abkühlen lassen. Die Matjesheringe abtropfen lassen, Zwiebel schälen und in Scheiben schneiden. Die Matjesheringe und Zwiebelscheiben in ein Glas schichten und die kalte Marinade darübergießen.

Vor dem Servieren 24–48 Stunden zugedeckt im Kühlschrank stehen lassen.

ANNA-LISAS SILLSALLAD

Anna-Lisas Heringssalat

6–8 Portionen

400 g Matjeshering, in Stücke geschnitten, 3–4 gekochte, geschälte, kalte Kartoffeln, 1–2 säuerliche Äpfel, geschält und entkernt, 5–6 eingelegte Rote Beten, 100 g gekochter Schinken, fein geschnitten, 1 Zwiebel, fein gehackt, weißer Pfeffer, 3 EL Rote-Bete-Saft, 1 1/2 dl Sahne, 1–2 hart gekochte Eier, Petersilie.

Matjeshering, Kartoffeln, Äpfel und Rote Beten in kleine Würfel schneiden und mit dem Schinken und der Zwiebel vorsichtig mischen. Den mit weißem Pfeffer gewürzten Rote-Bete-Saft dazugeben. Die Sahne leicht schlagen und daruntermischen. Den Heringssalat mit Petersilie und gehackten oder in Scheiben geschnittenen Eiern garnieren.

SMØRREBRØD MED RØGET SILD

Smörrebröd mit geräuchertem Hering

4 Scheiben Roggenvollkornbrot, Butter, 2 geräucherte Heringsfilets (Bücklinge), 50 g Zwiebel, 50 g Radieschen, 4 hart gekochte Eier, einige Blätter Salat, Schnittlauch, grob gemahlener Pfeffer.

Die Brotscheiben mit Butter bestreichen. Heringsfilets von Haut und Gräten befreien und zuerst längs, dann quer halbieren. Zwiebel schälen und fein würfeln. Radieschen waschen, putzen und fein würfeln. Die Eier schälen und längs halbieren. Die Brotscheiben mit Salatblättern und je 2 Streifen Heringsfilet belegen. Mit Zwiebel, Radieschen, Eiern und Schnittlauch garnieren und mit Pfeffer bestreuen.

Gubbröra

Alte-Männer-Mischung

4 Eier, 100 g Anchovisfilets, 2 EL fein gehackte rote Zwiebel, 1 1/2 dl Crème fraîche, 3 EL gehackter Dill, Salz, schwarzer Pfeffer, 8 Scheiben dunkles Brot.

Eier hart kochen, 8–10 Minuten, schälen und hacken. Die Anchovisfilets hacken. Eier, Anchovisfilets, Zwiebel, Crème fraîche und Dill zusammenmischen. Mit Salz und Pfeffer abschmecken. Die Füllung zwischen je zwei Brotscheiben legen. Die Scheiben halbieren.

Mit Gurken und Tomaten servieren. Dazu passt Bier.

Toast Skagen

400 g Garnelen mit Schale, 2 EL Mayonnaise, 2 EL Crème fraîche, 1 TL süßer Senf, 1 TL Zitronensaft, Cayennepfeffer, 3 EL fein gehackter Dill.
4 Scheiben Weißbrot, 2 EL Butter.
50–75 g Rogen (Maränenrogen oder Seehasenrogen), 1 Bund Dill, 1 Zitrone.

Die Garnelen schälen und in kleinere Stücke schneiden. Die Garnelenstücke, Mayonnaise, Crème fraîche, Senf, Zitronensaft, Cayennepfeffer und Dill vermischen. Die Mischung kalt stellen.
Die Kanten vom Brot abschneiden. Die Brotscheiben in etwas Butter auf beiden Seiten kurz braten und auf Küchenkrepp legen, damit überschüssiges Fett aufgesaugt wird.
Die Garnelenmischung auf die Brotscheiben verteilen. Mit Rogen, Dillzweigen und Zitronenscheiben garnieren.

GRAVAD LAX MED GRAVLAXSÅS

Gebeizter Lachs mit Dill-Senf-Sauce

6 Portionen

1000 g Lachsfilet (grätenfrei, mit Haut, Mittelstück), 4 EL Salz, 4 EL Zucker, 2 TL weiße Pfefferkörner, zerdrückt, 1 Bund Dill, gehackt.
Dill-Senf-Sauce: 3 EL milder Senf, 1 TL Dijon-Senf, 2 EL Zucker, 2 EL Rotweinessig, 1 dl Speiseöl (kein Olivenöl), 3 EL fein gehackter Dill, Salz, weißer Pfeffer.

Den Lachs 48 Stunden vor der Beizung einfrieren. Anschließend halb auftauen lassen und kontrollieren, dass keine Gräten übrig geblieben sind. Das Filet in zwei Stücke teilen. Salz, Zucker und Pfeffer mischen und $^1/_4$ davon in eine Form streuen. Das eine Stück mit der Hautseite nach unten legen und $^1/_4$ von der Kräutermischung und den Dill daraufstreuen. $^1/_4$ von der Kräutermischung auf die Fleischseite des anderen Stücks streuen. Fleischseite gegen Fleischseite und dünnes Stück gegen dickes Stück legen. Den Rest der Kräutermischung darüberstreuen. Mit Klarsichtfolie decken und 48 Stunden im Kühlschrank stehen lassen (in dieser Zeit den Lachs zwei bis drei Mal wenden). Eventuelle Flüssigkeit weggießen und die Kräuter abkratzen. Den Lachs in dünne Scheiben schneiden, Haut und dunkles Lachsfleisch wegschneiden.
Sauce: Senf, Zucker und Rotweinessig zusammenrühren. Das Öl unter ständigem Rühren hinzufügen und mit Dill, Salz und Pfeffer abschmecken.

Mit Toast servieren.

URTEMARINERT OKSE- ELLER ELGEFILET

Rinder- oder Elchfilet mit Kräutern mariniert

4–6 Portionen

600 g Rinder- oder Elchfilet, 1 TL Zucker, 1 TL Salz, 1 TL grobkörnig gemahlener schwarzer Pfeffer, 1 TL Thymian, 1 TL gehackter Rosmarin, 1 dl Rotwein, $^1/_2$ dl Olivenöl. Salatblätter, Zwiebelringe, Gurkenpickles, 2 dl saure Sahne, 2 dl Preiselbeerkonfitüre.

Zucker, Salz, Pfeffer und die Kräuter mit dem Rotwein und Öl mischen. Das Filet in einen Plastikbeutel legen, die Marinade darübergießen, den Beutel verschließen und im Kühlschrank drei Tage liegen lassen. Am Morgen und am Abend den Beutel wenden.
Das Fleisch dünn schneiden. Garnieren mit Salatblättern, Zwiebelringen und Gurkenpickles. Das Gericht bei Zimmertemperatur einige Stunden stehen lassen.
Saure Sahne und Preiselbeerkonfitüre zusammenrühren.

Das Fleisch mit der Preiselbeersauce und mit Baguette servieren.

SKINKEMOUSSE

Dänische Schinkenmousse

8 Portionen

250 g gekochter, leicht gesalzener Schinken, $2^1/_2$ dl Sahne, 3 TL gehackte Petersilie, 1–2 EL Senf, Salz, weißer Pfeffer, 6 Blätter Gelatine.

Schinken ganz fein hacken. Sahne steif schlagen und mit Schinken, Petersilie, Senf, Salz und Pfeffer mischen. Die Gelatineblätter in kaltem Wasser ca. 15 Minuten liegen lassen, ausdrücken und auf kleiner Hitze schmelzen lassen. Die Flüssigkeit ein wenig abkühlen lassen, in die Schinkenmischung gießen und gut rühren, sodass die Gelatine keine Klumpen bildet. Eine Ringform kalt ausspülen, die Schinkenmischung hineingießen und 3–4 Stunden kalt stehen lassen.

SMØRREBRØD MED LEVERPOSTEJ

Smörrebröd mit Leberpastete

Roggenbrot, Butter, 60–75 g Leberpastete pro Brotscheibe, 2–3 Scheiben Bacon pro Brotscheibe, 50 g Champignons pro Brotscheibe, frittierte Zwiebelringe.

Bacon und Champignons braten.
Die Brotscheiben mit Butter bestreichen. Leberpastete, den warmen Bacon und die warmen Champignons aufs Brot legen. Mit den Zwiebelringen garnieren.

CERES

LAXPUDDING

Lachsauflauf

300 g gepökelter Lachs, 1–2 Zwiebeln, Butter, 800 g gekochte, geschälte, kalte Kartoffeln, $^1/_2$ dl gehackter Dill, 4 Eier, 4 dl Milch, Salz, weißer Pfeffer.

Den Lachs und die Kartoffeln in dünne Scheiben schneiden. Die Zwiebeln schälen, dünn schneiden und in einer Bratpfanne auf kleiner Hitze anbraten, bis sie weich und glasig sind. Eine ofenfeste Form einfetten, den Boden mit den Kartoffelscheiben belegen, darauf Lachs, Zwiebeln und Dill verteilen und mit einer Schicht Kartoffelscheiben abschließen. Eier, Milch, Salz und Pfeffer verrühren und über den Auflauf gießen. Das Gericht im unteren Teil des Ofens bei 225 °C ca. 30 Minuten backen. Der Lachsauflauf ist fertig, wenn er eine schöne, goldbraune Farbe angenommen hat und die Konsistenz fest ist.

Mit zerlassener Butter und Zitronenscheiben servieren.

Kall inkokt lax med dillmajonnässås

Kalter gekochter Lachs mit Dill-Mayonnaise

4 Lachsfilets, ca. 600 g, grätenfrei, mit Haut.
Sud: 1 l Wasser, 1 dl Weißweinessig, 1 EL Salz, 5 weiße Pfefferkörner, 5 Nelkenpfefferkörner, 2 Lorbeerblätter, 1 Zwiebel, 1 Möhre, $^{1}/_{2}$ Lauchstange, 1 Bund Dill.
Dill-Mayonnaise: 1 Eigelb, 1 EL Dijon-Senf, 1 EL Weinessig, Salz, weißer Pfeffer, 2 dl Rapsöl, 1 dl Crème fraîche, 1 Bund Dill.

Das Gemüse putzen und in Scheiben schneiden. Alle Zutaten für den Sud in einen Kochtopf geben und zugedeckt 10 Minuten kochen lassen. Die Lachsfilets in den Sud legen und im geschlossenen Topf ca. 12 Minuten sieden lassen. Wenn der Lachs gar ist: aus dem Sud nehmen und die Haut abziehen. Lachs wieder in den Sud legen und abkühlen lassen. Über Nacht in den Kühlschrank stellen.
Eigelb, Senf, Weinessig, Salz und Pfeffer kräftig verrühren. Danach das Öl in einem dünnen Strahl zugeben. Crème fraîche und gehackten Dill daruntermischen und abschmecken.

Den Lachs mit Salzkartoffeln und der Dill-Mayonnaise servieren.

KRÄFTSTRÖMMING

Krebsströmling

600 g Strömlingsfilets (Ostseeheringsfilets), 1 TL Salz, 2 EL Dillspitzen, 4 EL Tomatenpüree, $1\,^{1}/_{2}$ dl Wasser.

Die Strömlinge kurz in kaltem Wasser abspülen. Die Rückenflossen abschneiden, die Filets ausbreiten, salzen, zusammenrollen, dicht in eine gebutterte, ofenfeste Form legen und die Dillspitzen darüberstreuen. Das Tomatenpüree mit dem Wasser zusammenrühren und über den Fisch gießen. Die Form mit Alufolie decken und das Gericht in der Ofenmitte bei 225 °C ca. 20 Minuten backen.

Kann entweder warm oder kalt mit Salzkartoffeln serviert werden.

Janssons Frestelse

Janssons Versuchung

800 g Kartoffeln, 2 Zwiebeln, 100 g Anchovisfilets, 2–3 dl Sahne, Paniermehl, 1–2 EL Butter.

Kartoffeln schälen und in Stäbchen schneiden. Die Zwiebeln schälen und in dünne Scheiben schneiden. Den Boden einer gefetteten, ofenfesten Form mit der Hälfte der Kartoffelstäbchen belegen. Mit den Zwiebelscheiben bedecken und darauf die Anchovisfilets verteilen. Anchovismarinade aufbewahren. Den Rest der Kartoffeln auf die Anchovisfilets legen und die Oberfläche glätten. Die Anchovismarinade und die Hälfte der Sahne darübergießen. Paniermehl darüberstreuen und Butterflöckchen darauf verteilen. In der Ofenmitte bei 200–225 °C ca. 30 Minuten backen. Herausnehmen, den Rest der Sahne entlang den Formkanten dazugeben und 20–30 Minuten weiterbacken.

Mit Salat, Knäckebrot, Butter, Käse und Bier servieren.

SILDGRATIN

Heringsauflauf

400 g Matjeshering, in Stücke geschnitten, 400 g gekochte Kartoffeln, geschält und in Scheiben geschnitten, 2 gehackte, hart gekochte Eier, 3 EL Reibkäse.
Sauce: 2 EL Butter, 1 EL gehackte Zwiebel, 3 EL Weizenmehl, 3 dl Milch, 1 dl Sahne, Salz, weißer Pfeffer, 3 EL fein gehackte Petersilie.

Zwiebel bei mäßiger Hitze 5 Minuten im Kochtopf anbraten. Kochtopf vom Herd nehmen und Mehl über die Zwiebel streuen. Mit einer Holzgabel umrühren. Milch und Sahne dazugießen, während des Rührens aufkochen und 5 Minuten kochen lassen. Mit Salz, Pfeffer und Petersilie abschmecken. Kartoffeln, Matjesheringe, Eier und Sauce schichtweise in eine gebutterte, ofenfeste Form füllen. Reibkäse darüberstreuen und im Ofen bei 225 °C 25 Minuten backen.

TORSK I KAVIARGRÄDDE

Dorsch in Kaviarsahne

700–800 g frische Dorschfilets, Salz,
2 dl Sahne, 1 Eigelb, 75 g Kaviar,
3 EL Reibkäse, 2 EL gehackter Dill.

Den Fisch salzen, in eine gefettete, ofenfeste Form legen und im Ofen bei 200 °C ca. 25 Minuten backen. Die Flüssigkeit, die sich gebildet hat, wegschütten.
Sahne leicht schlagen, mit dem Eigelb und Kaviar mischen und über den Fisch gießen. Ofenhitze auf 225 °C erhöhen und das Gericht weiterbacken, bis die Sahnemischung ein wenig fest geworden ist. Dann den Reibkäse darüberstreuen und die Form im Ofen lassen, bis das Gericht schön braun ist.

Dill darüberstreuen und mit Salzkartoffeln servieren.

NORSK TORSK

Norwegischer Dorsch

600–700 g frischer Dorsch, in 2 cm dicke Scheiben geschnitten, 1 l Wasser, 3 EL Salz.
Salzkartoffeln, Butter, Meerrettich.

Dieses Gericht muss ganz frisch gekocht serviert werden. Deshalb Salzkartoffeln, zerlassene Butter und geriebenen Meerrettich vorbereiten.
Die Dorschscheiben kurz in fließendem, kaltem Wasser abspülen. Wasser und Salz in einem Kochtopf aufkochen, den Fisch hineinlegen und 5–6 Minuten kochen lassen. Den Fisch sofort mit einem Schaumlöffel herausnehmen und mit den oben erwähnten Zutaten servieren.

Dr. Reinhard Muth
Scheurebe Kabinett halbtrocken
1998er Niersteiner Pettenthal
Qualitätswein mit Prädikat

Lillys Dillkött

Lillys Kalbfleisch in Dillsauce

1000 g Kalbfleisch mit Knochen (Keule oder Rücken), Wasser, $1\,^1/_2$ TL Salz pro Liter Wasser, 6 weiße Pfefferkörner, 1 Möhre, in Stücke geschnitten, 1 Zwiebel, in Stücke geschnitten.
Sauce: 2–3 EL Butter, 3 EL Weizenmehl, $^1/_2$ l Bouillon, $^1/_2$ dl Sahne, 1–2 EL Essigessenz (12 %), 1 dl fein gehackter Dill.

Das Fleisch in einen Kochtopf legen und so viel Wasser dazugeben, dass das Fleisch bedeckt ist. Salz, Pfefferkörner, Möhre und Zwiebel dazugeben. Aufkochen lassen, den Schaum wegnehmen und gedeckt ca. 1 Stunde sieden lassen. Fleisch von den Knochen lösen und in Scheiben oder Stücke schneiden.
Sauce: Butter zerlassen und Mehl hineinrühren. Bouillon bei ständigem Rühren nach und nach dazugießen. Sahne hineinrühren. Die Sauce 3–4 Minuten schwach kochen lassen und mit Essigessenz und Dill verfeinern.

Mit Salzkartoffeln servieren.

OXRULLADER

Rindfleischrouladen

12 dünne Scheiben Rindfleisch (Oberschale), 4–6 Anchovisfilets, in kleine Stücke geschnitten, 1–2 Zwiebeln, gelb oder rot, gehackt.
Sauce: 3 dl Bratjus, 1 Bouillonwürfel, 3 dl Sahne, 3 EL Weizenmehl, $^1/_2$ dl Rotwein oder Wasser.

Die Fleischscheiben klopfen und kleine Stücke von Anchovis und Zwiebeln darauflegen. Zusammenrollen und feststecken. Rouladen in einer Bratpfanne leicht braten und nachher in eine Gusseisen-Kasserolle legen. 3 dl Wasser in die Bratpfanne geben und aufkochen. Den Bratjus durch ein Sieb über die Rouladen gießen. Den Bouillonwürfel dazugeben. 20 Minuten schwach kochen lassen. Mit Sahne verdünnen. Mehl mit Wein oder Wasser mischen und in den kochenden Jus hineinrühren. 10 Minuten weitersieden lassen, abschmecken und wenn notwendig Salz und Pfeffer dazugeben.

Mit Kartoffelpüree, Möhren und Preiselbeerkonfitüre servieren.

SJÖMANSBIFF

Seemannstopf

500–600 g Rindfleisch (Oberschale), in dünne Scheiben geschnitten, 3 EL Butter, 2 TL Salz, weißer Pfeffer, gemahlen, 3–4 Zwiebeln, geschält und in Ringe geschnitten, 8–10 Kartoffeln, geschält und in Scheiben geschnitten, 1 Fleischbouillonwürfel, 5 dl dunkles Bier, Petersilie, gehackt.

Fleisch mit der Hälfte der Butter auf beiden Seiten anbraten. Mit Salz und Pfeffer würzen. Zwiebeln mit dem Rest der Butter anbräunen. Fleisch, Zwiebeln und Kartoffeln so in eine Gusseisen-Kasserolle schichten, dass zuunterst und zuoberst Kartoffeln sind. Ein wenig Wasser in die Bratpfanne geben und die Jus in die Kasserolle gießen. Bouillonwürfel darüber zerkrümeln. Bier dazugeben. Zugedeckt bei schwacher Hitze ca. 30 Minuten kochen lassen. Petersilie darüberstreuen.

Mit Gewürzgurke und eingelegter Roter Bete servieren.

ROYAL

Biff à la Lindström

Hackbeefsteak à la Lindström

500 g Rinderhackfleisch, $^1/_2$ dl Quark, 1 Ei, Salz, weißer Pfeffer, 1 $^1/_2$ dl gehackte, eingelegte Rote Bete, $^1/_2$ gehackte Zwiebel, 2 EL Kapern, Butter.

Rinderhackfleisch mit Quark, Ei, Salz und Pfeffer zu einer Masse verrühren. Rote Bete, Zwiebel und Kapern dazugeben, mischen und kleine Hacksteaks formen. Etwas Butter in einer Bratpfanne erhitzen und die Hacksteaks beidseitig ca. 3 Minuten anbraten, aber nicht vollständig durchbraten.

Mit Salzkartoffeln und Gemüse servieren.

KÖTTBULLAR

Fleischbällchen

500 g Hackfleisch (halb Rind, halb Schwein), $^1/_2$ dl Paniermehl, 1 dl Sahne, 2 EL fein gehackte Zwiebel, 1 Ei, Salz, weißer Pfeffer, Butter.

Paniermehl und Sahne verrühren und 10 Minuten aufquellen lassen. Hackfleisch, Zwiebel, Ei, Salz und Pfeffer hineinmischen und zu einer geschmeidigen Masse verarbeiten. Mit feuchten Händen kleine Bällchen formen. Butter in einer Bratpfanne erhitzen und die Fleischbällchen rundum 3–5 Minuten bei mittlerer Hitze braten.

Mit Kartoffelpüree und Preiselbeerkonfitüre servieren.

Margits Kåldolmar

Margits Kohlrouladen

1 Weißkohl.
Füllung: 400 g Hackfleisch (halb Rind, halb Schwein), 150 g gekochter Reis (parboiled, ca. 50 g roh), 3–4 EL Milch, Salz, weißer Pfeffer, Butter, 3 dl Fleischbouillon, 2 EL Melasse.
Sauce: 2 TL Bratensauce, 1 dl Sahne.

Weißkohlstrunk herausschneiden. Weißkohl in kochendem Wasser 5 Minuten blanchieren und kalt abschrecken. Blätter vorsichtig lösen und auf einem Küchentuch abtropfen lassen. Hackfleisch, Reis, Milch, Salz und Pfeffer mischen. Je zwei Blätter so nebeneinanderlegen, dass sie sich überlappen. Je 2 EL Füllung in die Mitte geben. Die Seiten einschlagen, aufrollen und die Päckchen mit Küchenschnur binden. Kohlrouladen in einer Gusseisen-Kasserolle in Butter leicht anbraten und mit 1 dl Fleischbouillon ablöschen. Melasse darüberträufeln. Zugedeckt ca. 30 Minuten bei kleiner Hitze schmoren lassen. Küchenschnur entfernen. Für die Sauce restliche Fleischbouillon mit Bratensauce und Sahne unter Rühren aufkochen.

Mit Salzkartoffeln oder Kartoffelpüree und Preiselbeerkonfitüre servieren.

FLÆSKESTEG

Dänischer Schweinebraten

4–6 Portionen

1500 g Schweinefleisch mit Schwarte (Mittelkamm oder Nackenkamm), Wasser, Salz.
1500 g kleine Kartoffeln, $1\,^1/_2$ dl Zucker, 30 g Butter.
$^1/_2$ Rotkohlkopf, 200 g Silberzwiebeln, 50 g Pistazienkerne, Öl-Essig-Dressing.

Die Schwarte mit einem Messer bis zum Fleisch anritzen. Das Fleisch mit der Schwarte nach unten in eine ofenfeste Form legen. Kochendes Wasser hinzugeben, bis sich die Schwarte ganz im Wasser befindet. Im Ofen bei 250 °C ca. 20 Minuten kochen lassen. Fleisch umdrehen und die Schwarte mit Salz einreiben. Das Fleisch im Ofen bei 180 °C ca. 80 Minuten garen lassen, bis die Schwarte knusprig ist.
In Dänemark isst man den Schweinebraten traditionell mit Rotkohl und in Zucker gebräunten Kartoffeln:
Kartoffeln kochen, in einem Sieb kalt abspülen und dann schälen. Zucker in einer Bratpfanne bräunen. Butter dazugeben und zerlassen. Kartoffeln in die Zuckermasse geben und rundum braun braten.
Rotkohl in sehr dünne Streifen schneiden, mit den Silberzwiebeln, den Pistazienkernen und dem Dressing mischen.

BREWERY
PREMIUM
BIER

FLÄSK MED BRUNA BÖNOR

Speck mit braunen Bohnen

400 g Speck in Scheiben, 300 g getrocknete braune Bohnen, Wasser, 1 TL Salz, 3 EL Melasse, 1 EL Essigessenz (12 %), 1 EL Kartoffelmehl, 2 EL kaltes Wasser.

Die Bohnen abspülen und in eine Schüssel geben. So viel Wasser darübergießen, dass die Bohnen ganz bedeckt sind. 12 Stunden kühl stehen lassen. Die Bohnen in einen Durchschlag gießen, in kaltem Wasser abspülen und in einen Kochtopf schütten. 8 dl Wasser und Salz dazugeben. Zugedeckt 1–1 $^1/_2$ Stunden kochen, bis die Bohnen weich sind. Melasse und Essigessenz dazugeben. Das Kartoffelmehl mit dem Wasser zusammenrühren, zu den Bohnen geben und aufkochen lassen. Den Speck in einer Bratpfanne knusprig braten.

Mit Salzkartoffeln servieren.

Fårikål

Norwegischer Lammeintopf

1000 g Lammfleisch mit Knochen (Keule, Brust oder Rücken), 2–3 EL Butter, 1000 g Weißkohl, 2–3 TL Salz, 10 weiße Pfefferkörner, 1 Lorbeerblatt, 2 EL Soja, $^{1}/_{2}$ TL Paprikapulver, 1–2 TL Kümmel, Petersilie, gehackt.

Fleisch in mundgerechte Stücke schneiden und in Butter anbraten. Weißkohl in Stücke schneiden. Fleisch und Kohl schichtweise in eine Gusseisen-Kasserolle legen und zwischen jeder Schicht salzen. Weiße Pfefferkörner, Lorbeerblatt, Soja, Paprikapulver und Kümmel dazufügen. Wasser darübergießen, bis Kohl und Fleisch fast bedeckt sind. Zugedeckt 1–1$^{1}/_{2}$ Stunden schwach kochen lassen. Abschmecken und Petersilie darüberstreuen.

Mit Salzkartoffeln und Möhren servieren.

Ärtsoppa med fläsk

Gelbe Erbsensuppe mit Speck

6 Portionen

500 g getrocknete gelbe Erbsen, Wasser, 1 Zwiebel, 250 g leicht gesalzener Speck (im Stück), 2 Fleischbouillonwürfel, 2 TL Thymian, 1 Lorbeerblatt, Salz.

Die Erbsen abspülen und in eine Schüssel geben. So viel Wasser darübergießen, dass die Erbsen ganz bedeckt sind. Kühl 12 Stunden stehen lassen. Die Erbsen in einen Durchschlag gießen und in kaltem Wasser abspülen. Die Zwiebel schälen und in Scheiben schneiden. Erbsen, Zwiebel, Fleisch, Bouillonwürfel, Thymian und Lorbeerblatt in einen Kochtopf geben und 2 l Wasser dazugießen. Zugedeckt etwa 1 Stunde kochen, bis die Erbsen weich sind. Das Fleisch herausnehmen und in Würfel schneiden. Wenn die Suppe zu dick ist, mehr Wasser oder Bouillon dazugeben. Mit Thymian und Salz abschmecken. Speck zurück in die Suppe geben.

Die Suppe mit Senf servieren.

Dieses Gericht wird in Schweden jeweils am Donnerstag gegessen. Als Nachspeise folgen stets Pannkakor/Pfannkuchen (siehe Seite 75).

NYPONSOPPA

Hagebuttensuppe

100 g getrocknete Hagebuttenschalen, 1 l Wasser, 1 EL Kartoffelmehl, $^1/_2$ dl Zucker.

Die Hagebuttenschalen in $^1/_2$ l Wasser einige Stunden liegen lassen, danach im gleichen Wasser ca. 20–30 Minuten weich kochen. Die Schalen pürieren und durch ein Sieb streichen. Das restliche Wasser aufkochen. Kartoffelmehl in etwas kaltem Wasser anrühren und in das kochende Wasser einrühren. Nochmals aufkochen lassen. Die Hagebuttenmasse und den Zucker in das Wasser geben und umrühren.

Warm oder kalt servieren. Mit Mandelbiskuits und Schlagsahne garnieren.

Blåbärssoppa

Heidelbeersuppe

$^1/_2$ l Heidelbeeren, 7 dl Wasser, $^1/_2$ dl Zucker, $1^1/_2$ EL Kartoffelmehl.

Wasser und Zucker aufkochen, die Beeren dazugeben und 2–3 Minuten kochen lassen. Kartoffelmehl in etwas kaltem Wasser anrühren und in die Suppe einrühren. Unter ständigem Rühren wieder aufkochen lassen. Ein wenig Zucker über die Suppe streuen, damit sich keine Haut bildet.

Warm oder kalt servieren. Mit Schlagsahne garnieren.

Diese Suppe wird beim legendären Wasalauf (90 km), der größten Skilanglaufveranstaltung Skandinaviens, an den Verpflegungsstellen zur Stärkung abgegeben.

INGEFÄRSPÄRON

Ingwerbirnen

4 Birnen, 1 Stück Ingwer, 4 dl Wasser,
1 dl Zucker, Saft einer $^{1}/_{2}$ Zitrone.

Ingwer schälen und in dünne Scheiben schneiden. Wasser, Ingwer, Zucker und Zitronensaft aufkochen. Einige Minuten leicht kochen lassen. Die Birnen schälen, halbieren, entkernen und in den Sud legen. Die Birnen fast weich kochen, dann im Sud erkalten lassen.

Mit Schlagsahne servieren.

SUSANNES LINGONPARFAIT

Susannes Preiselbeerparfait

2 Eigelbe, 3 EL Puderzucker, 1 dl Preiselbeerkonfitüre, 2 EL Zitronensaft, 1 Eiweiß, 3 dl Sahne, 2–3 EL Gin.

Eigelbe und Puderzucker schaumig rühren. Preiselbeerkonfitüre und Zitronensaft dazugeben. Eiweiß und Sahne separat schlagen und mit dem Gin in die Eier-Preiselbeer-Masse mischen. Die Masse in Portionsformen füllen und für mindestens 4 Stunden in den Tiefkühlschrank stellen. Danach die Formen kurz in heißes Wasser tauchen. Das Parfait auf Teller stürzen.

Mit etwas Preiselbeerkonfitüre garnieren.

KERSTINS GLÖGG-GLASS

Kerstins Glühweineis

4–6 Portionen

100 g Rosinen, 1 dl Glühwein (Seite 91), 50 g Mandelstifte, 1000 ml Vanilleeis.

Rosinen in eine Schale legen, Glühwein darübergießen und zugedeckt bei Zimmertemperatur 24–48 Stunden stehen lassen. Mandelstifte fein hacken. Das Eis in einer Schale in kleine Stücke schneiden. Rosinen, Glühwein und Mandeln dazugeben und schnell mischen; das Eis darf nicht schmelzen, nur weich werden. Die Eismasse in eine Kranzform geben, mit Alufolie decken und für mindestens 4 Stunden in den Tiefkühlschrank stellen. Das Eis von der Kante lösen. Die Form kurz in heißes Wasser tauchen. Das Eis auf einen Teller stürzen. Das Loch in der Mitte mit Schlagsahne füllen.

ÆBLEKAGE

Dänischer Apfelkuchen

4–6 Portionen

1000 g säuerliche Äpfel, ca. $^1/_2$ dl Wasser, Zucker.
1 dl Paniermehl, $^1/_2$ dl Zucker, 50 g Butter.

Äpfel schälen, in Viertel teilen, entkernen, in kleinere Stücke schneiden und auf niedriger Hitze im Wasser weich kochen. Das Apfelmus mit Zucker abschmecken. Paniermehl und Zucker mischen. Butter in einer Bratpfanne zerlassen, das Paniermehl goldbraun anbraten, abkühlen lassen, dabei ab und zu umrühren. Apfelmus und Paniermehl so in eine Glasschale schichten, dass die oberste Schicht Paniermehl ist. Das Gericht erst kurz vor dem Servieren zubereiten!

Mit Schlagsahne und Konfitüre garnieren.

PANNKAKOR

Pfannkuchen

8–10 Stück

$2^1/_2$ dl Weizenmehl, $^1/_2$ TL Salz, 6 dl Milch, 3 Eier, 2–3 EL Butter.

Zuerst Mehl und Salz mit der Hälfte der Milch, dann den Rest der Milch und die Eier zu einem glatten Teig schlagen. Butter in der Bratpfanne zerlassen und in den Teig mischen. In der Bratpfanne dünne Pfannkuchen backen.

Mit Konfitüre und Schlagsahne servieren.

Es ist Tradition in Schweden, jeweils am Donnerstag gelbe Erbsensuppe (siehe Seite 60) und Pfannkuchen zu essen.

Mandelgratinerade blåbär

Heidelbeeren mit Mandeln gratiniert

6–8 Portionen

$^{3}/_{4}$ l Heidelbeeren, 2 EL Puderzucker, 100 g Mandeln, 1 dl Sahne, 2 Eigelbe, $^{1}/_{2}$ dl Zucker.

Heidelbeeren in eine Tarteform (Ø 24 cm) geben und Puderzucker durch ein Sieb darüberstreuen. Mandeln hacken und Sahne schlagen. Die Eigelbe mit dem Zucker schaumig schlagen, Mandeln und Schlagsahne darunterrühren. Über die Heidelbeeren geben. In der Ofenmitte bei 175 °C 10–12 Minuten backen.

Warm oder lauwarm servieren.

Bløtkake

Norwegische Sahnetorte

12–16 Portionen

4 Eier, 100 g Zucker, 100 g Weizenmehl, 1 TL Backpulver.
1 dl Himbeerkonfitüre, 1 Dose Pfirsich in Scheiben (400 g), 5 dl Vanillecreme, 3 dl Sahne.
Zum Garnieren: Erdbeeren, Heidelbeeren, Himbeeren.

Eier und Zucker schaumig schlagen. Weizenmehl und Backpulver hineinrühren. In eine gebutterte und mit Paniermehl ausgestreute Form (Ø 22 cm) geben und bei 175 °C 30 Minuten backen. Abkühlen lassen. Horizontal in drei Teile schneiden und jedes Teil mit ein bisschen Pfirsichsaft beträufeln. Auf zwei Teile Himbeerkonfitüre, Pfirsichscheiben und Vanillecreme geben. Das dritte Teil darüberlegen. Die ganze Torte mit Schlagsahne decken. Mit den Beeren so garnieren, dass sie zusammen mit der Schlagsahne die norwegischen Nationalfarben Rot-Weiß-Blau bilden.

Diese Torte wird an feierlichen Anlässen, natürlich auch am 17. Mai, dem norwegischen Nationalfeiertag, serviert.

LUSSEKATTER

Luciakatzen

40 Stück

400 mg Safran, gemahlen, 200 g Butter, 1/2 l Milch, 100 g Hefe, 1 TL Salz, 2 dl Zucker, 16–17 dl Weizenmehl, 1 Ei (zum Bepinseln), Rosinen (zum Garnieren).

Butter zerlassen, Milch und Safran dazugeben und bis 37 °C (Fingerwärme) erwärmen. Hefe in einer Schüssel zerkrümeln und in etwas Teigflüssigkeit auflösen. Den Rest der Teigflüssigkeit sowie Salz, Zucker und Mehl hinzufügen (2 dl Mehl fürs Kneten auf dem Backtisch aufbewahren). Teig gut durchkneten, bis er blank und geschmeidig ist. Ein wenig Mehl darüberstreuen, mit einem Küchentuch zudecken und 30–40 Minuten bei Zimmertemperatur gehen lassen.
Den Teig auf dem mit Mehl bestreuten Backtisch noch einmal geschmeidig kneten und danach in 40 Stücke teilen. Diese zu ca. 20 cm langen Schlangen rollen. Die Enden entgegengesetzt zueinander wieder einrollen. Die Lussekatter auf mit Backpapier bedeckte Bleche legen und zugedeckt ca. 30 Minuten gehen lassen. Mit dem geschlagenen Ei bepinseln. In die Mitte jeder Schnecke eine Rosine tief eindrücken. In der Ofenmitte bei 250 °C 6–8 Minuten backen. Auf Küchengitter zugedeckt abkühlen lassen.

Lussekatter werden traditionell zum Luciafest gebacken, das in Schweden am 13. Dezember gefeiert wird. Zu den Lussekatter trinkt man gerne Glögg (siehe Seite 91).

PEPPARKAKOR

Schwedische Pfefferkuchen

250 Stück

12 dl Weizenmehl, $^1/_2$ EL Bikarbonat, 250 g Butter, $1^1/_2$ dl Sahne, 3 dl Zucker, $1^3/_4$ dl dunkle Melasse, 1 EL Zimt, gemahlen, 1 EL Ingwer, gemahlen, 2 TL Gewürznelken, gemahlen, $^1/_2$ geschlagenes Ei.

$8^1/_2$ dl Mehl mit dem Bikarbonat in einer großen Schüssel mischen. Die Butter in Scheiben schneiden und in die Mehlmischung geben. Mit den Fingern zu einem Krümelteig verarbeiten. Sahne steif schlagen, Zucker, Melasse, Gewürze und Ei dazugeben und umrühren. Sahnemischung und Krümelteig zu einem geschmeidigen Teig kneten. Den Teig mindestens 24 Stunden im Kühlschrank stehen lassen.

Den Rest des Mehls mit dem Teig mischen und auf der mit Mehl bestreuten Arbeitsfläche durchkneten. Ein Stück des Teigs dünn ausrollen (den Rest im Kühlschrank stehen lassen) und Formen (z. B. Schweinchen, Herzen, Glocken, Sterne) ausstechen. Auf ein mit Backpapier bedecktes Blech legen und in der Ofenmitte bei 200 °C 5–7 Minuten backen. Auf dem Blech abkühlen lassen.

ELLENS MJUKA PEPPARKAKA

Ellens weicher Pfefferkuchen

12–16 Portionen

50 g Butter, 2 Eier, 2 dl Zucker, 3 dl Weizenmehl, 3 TL Backpulver, 2 TL Zimt, gemahlen, 1 TL Gewürznelken, gemahlen, $1\frac{1}{2}$ dl kaltes Wasser.

Butter zerlassen. Die Eier mit dem Zucker schaumig schlagen, Mehl, Backpulver, Zimt und Gewürznelken sowie Wasser und die abgekühlte Butter dazugeben und umrühren. Den Teig in eine gebutterte und mit Paniermehl ausgestreute Kranzform geben. In der Ofenmitte bei 200 °C 35–40 Minuten backen. In der Form abkühlen lassen.

Fastlagsbullar/Semlor

Schwedische Fastnachtswecken

20 Stück

25 g Hefe, 100 g Butter, $2^1/_2$ dl Milch, 3 EL Zucker, 1 TL Salz, 1 TL Kardamom, gemahlen, ca. 7 dl Weizenmehl.
Füllung: Krume der Wecken, 1 dl Milch, 100 g Marzipanrohmasse.
2 dl Sahne, Puderzucker.

Hefe in einer Schüssel zerkrümeln. Butter zerlassen, Milch dazugeben, bis 37 °C (Fingerwärme) aufwärmen, über die Hefe gießen und umrühren, bis sich die Hefe aufgelöst hat. Zucker und Salz, dann Mehl, mit dem Kardamom gemischt, nach und nach dazugeben und den Teig durchkneten, bis er blank und geschmeidig ist. Teig zugedeckt 30 Minuten bei Zimmertemperatur gehen lassen. Den Teig auf dem mit Mehl bestreuten Backtisch weiterkneten und danach in 20 Stücke teilen. Die Stücke zu runden Wecken rollen, auf mit Backpapier bedeckte Bleche legen und zugedeckt ca. 30 Minuten gehen lassen. Die Wecken mit ein wenig Milch bepinseln und in der Ofenmitte bei 225 °C 8–10 Minuten backen. Auf dem Küchengitter zugedeckt abkühlen lassen.
Von den Wecken jeweils einen Deckel abschneiden. Die Wecken mit einem Teelöffel aushöhlen. Krumen in eine Schüssel geben und Milch darübergießen. Die Marzipanrohmasse mit einer Küchenreibe grob in die Schüssel reiben und mit den Krumen verrühren. Die Wecken mit der Masse bis zur Kante füllen, geschlagene Sahne daraufgeben und die Deckel aufsetzen. Mit Puderzucker bestreuen.

Fastlagsbullar wurden früher in den drei Tagen vor Aschermittwoch gegessen. Heute werden sie *Semlor* genannt und schon ab dem Dreikönigsfest und bis Ostern gebacken.

KANELBULLAR

Schwedische Zimtschnecken

40 Stück

50 g Hefe, 50 g Butter, 5 dl Milch, 1 dl Zucker, 1 TL Salz, $1\,^{1}/_{2}$ TL Kardamom, gemahlen, 14–15 dl Weizenmehl.
Füllung: 150 g Butter (Zimmertemperatur), $^{3}/_{4}$ dl Zucker, 1 EL Zimt, gemahlen.
1 Ei (zum Bepinseln), Hagelzucker.

Hefe in einer Schüssel zerkrümeln. Butter zerlassen, Milch dazugeben, bis 37 °C (Fingerwärme) aufwärmen, über die Hefe gießen und umrühren, bis sich die Hefe aufgelöst hat. Zucker und Salz, dann Mehl, mit dem Kardamom gemischt, nach und nach dazugeben und den Teig durchkneten, bis er blank und geschmeidig ist. Teig zugedeckt 30 Minuten bei Zimmertemperatur gehen lassen.
Butter, Zucker und Zimt für die Füllung vermischen. Den Teig auf dem mit Mehl bestreuten Backtisch weiterkneten, in zwei Teile schneiden und diese zu Rechtecken (ca. 30 x 45 cm) ausrollen. Die Füllung darauf verteilen. Zwei lange Rollen formen und in je 20 Scheiben schneiden. Die Scheiben mit der Schnittfläche nach oben in Papierformen legen und zugedeckt auf einem Backblech ca. 30 Minuten gehen lassen.
Die Schnecken mit dem geschlagenen Ei bepinseln und mit Hagelzucker bestreuen. In der Ofenmitte bei 225 °C 8–10 Minuten backen. Auf dem Küchengitter zugedeckt abkühlen lassen.

GLÖGG

Glühwein

für 8–12 Personen

5 dl Wodka, 4 Zimtstangen, 30 Gewürznelken, 1 Stück Ingwer, geschält und in dünne Scheiben geschnitten, 2 TL Kardamom, geschält und zerdrückt, 2 EL Pomeranzenschalen, gehackt, $1\,^1/_2$ l kräftiger Rotwein, 2–3 dl Zucker.
1–2 dl Mandeln, geschält und gehackt,
2–3 dl Rosinen.

Die Gewürze in den Wodka geben und zugedeckt über Nacht ziehen lassen. Wodka durch ein Sieb gießen, Wein und Zucker dazugeben, erhitzen (und dabei rühren), aber nicht kochen!

Nach Belieben Mandeln und Rosinen ins Glas geben. Heiß trinken. Glögg wird gerne zusammen mit Lussekatter und Pepparkakor serviert.

Inhalt

Die Rezepte sind, wenn nicht anders angegeben, für vier Personen berechnet. Alle Rezepte und Tipps sind mit Sorgfalt ausgewählt und geprüft. Eine Haftung des Verlages und seiner Beauftragten für alle erdenklichen Schäden an Personen, Sach- und Vermögensgegenständen ist ausgeschlossen.

Bibliografische Information der Deutschen Nationalbibliothek

Die Deutsche Nationalbibliothek verzeichnet diese Publikation in der Deutschen Nationalbibliografie; detaillierte bibliografische Daten sind im Internet über http://dnb.d-nb.de abrufbar.

Gesamtherstellung: Husum Druck- und Verlagsgesellschaft
Postfach 1480, D-25804 Husum – www.verlagsgruppe.de
Kochstudio: ppfotodesign Frauke Pump

ISBN 978-3-89876-471-1